7
Lk 566.

AUX

HABITANS D'AURILLAC.

Citoyens,

Les soussignés, commissaires du banquet que les habitans d'Aurillac se proposaient d'offrir aux Polonais, se conformant à votre délibération, rendent publics les faits suivans dont ils garantissent l'authenticité.

À l'époque où les journaux annoncèrent à notre ville un détachement d'officiers Polonais, la population tout entière, excepté toutefois les grands seigneurs, les laquais et les fonctionnaires, résolut de leur manifester sa sympathie par un banquet, ainsi d'ailleurs que cela se fait journellement dans les autres villes de France.

À cet effet, on fit courir dans la ville des listes publiques; on en déposa d'autres dans les cafés les plus fréquentés, et lorsque les souscripteurs se virent en nombre suffisant, ils se réunirent, et nommèrent une commission chargée des apprêts du repas, ainsi que des invitations à faire.

Immédiatement après son élection, la commission se rendit chez M. le maire, lui présenta la liste à signer, et, après son refus poli, motivé sur un voyage pressant, lui demanda l'autorisation de disposer de la salle électorale pour le jour du banquet.

Cependant M. Parieu, notre maire, qui a toujours un voyage tout prêt quand il s'agit de faire cause commune avec ses concitoyens; notre maire qui, magistrat de la cité, a une foule d'attributions indépendantes de toute administration supérieure; notre maire qui, néanmoins, ne concluerait rien sans avoir auparavant porté sa méticuleuse conscience au confessionnal de la préfecture, se trouva pris au dépourvu, et promit, non du reste sans quelque difficulté. Puis, réfléchissant qu'il avait donné sa parole un peu trop légèrement peut-être, il s'empressa d'aller soumettre au préfet son engagement, et lui demanda si c'était son bon plaisir, à lui préfet, qu'il le ratifiât ou le rompît.

Rien n'a transpiré des détails de cette importante conversation. M. Parieu y soutint, comme à son ordinaire, les droits de la ville; car au lieu de se mettre à la tête du banquet, *lui qui ne devait partir que trois jours après l'époque fixée pour la fête*, il vint le lendemain nous refuser la salle promise la veille, et nous annonça, tout honteux, dans un discours fort entortillé, que le redoutable préfet avait résolu de disséminer dans les campagnes ceux des Polonais qui consentiraient à être nos convives.

Indignée, la commission alla à la préfecture.

Nous n'avons pas la prétention de raconter textuellement ce qui se dit dans notre entretien avec le préfet; mais en voici le sommaire :

— Le banquet est républicain. — Qui vous l'a dit? — Ma police. — Eh bien! nous sommes neuf ici, dont la vie est pure et intacte, nous vous jurons que ce banquet n'a aucune couleur politique, et n'a qu'un but de pure sympathie. Certes, notre parole vaut bien celle de vos commissaires en écharpe, de leurs valets, et de TOUS CEUX qui font métier d'espionner pour vous.

— Beaucoup d'entre vous figurent dans la commission pour la liberté de la presse. — Qu'a de commun notre souscription présente avec l'association dont vous parlez? Du reste, cette association est-elle illégale? Faites votre devoir jusqu'au bout, poursuivez-la.

— Mais je vois toujours les mêmes hommes en avant. —

Qu'est-ce que cela prouve, sinon qu'ils ont la confiance du peuple, et qu'ils savent la mériter. Un dernier mot :

Le banquet n'est donc républicain que parce que notre opinion y domine. Sur cent vingt souscripteurs, cent douze sont républicains ! Est-ce notre faute, si ce n'est que parmi les républicains qu'il y a écho pour la gloire et le malheur ? Votre parti se tient en arrière ; selon vous, sa présence ôterait à la réunion toute couleur tranchée ; donnez l'exemple, voilà la liste , signez. La souscription ne sera définitivement close que dans trois jours.

— Convertissons le banquet en souscription. — Volontiers, mais l'un et l'autre. Avant tout, témoignage public et solennel de notre amitié, de notre admiration. L'argent seul ressemblerait à une aumône, et ce n'est que l'hospitalité qu'il convient d'offrir à des hommes d'honneur.

Les Polonais seront dispersés dans les campagnes. — Et on les en a tant menacés, et on a tant insisté là-dessus, qu'il faut que nous insistions à notre tour.

D'abord, il y a de l'atrocité dans cette menace. Jeter ces infortunés dans les villages, les isoler un à un, c'est les tuer. C'est qu'ils sont habitués à se voir ; c'est qu'ils ont besoin entre eux de parler de la patrie qu'ils ont perdue ; c'est que chacun avait plus d'un être chéri qui n'est plus, ne laissant d'autre trace en ce monde, qu'un rongeur souvenir au fond de leur cœur ; c'est qu'ils ont tout cela à se dire, à se répéter, tout cela à venger. C'est maintenant la seule joie de leur existence que d'épancher au sein de leurs amis les amers chagrins qui sillonnent leurs joues, qui couvent au fond de leur âme, et dévorent leur vie. La campagne, pour eux, c'est la Sibérie.

Pour qui porte un cœur d'homme, voilà les premières pensées qui assaillent et poignent. Celles-là font reculer un homme d'honneur, qui ne s'associe jamais à de pareilles infamies. Et maintenant, puisque ces considérations ne touchent pas M. le préfet, voyons l'autre côté de la question.

Monsieur le préfet, embastillez les Polonais dans les villages et cantons, et vous verrez l'effet qu'ils y produiront. Comprenez qu'au milieu de populations simples, mais courageuses, les mots d'oppression et de liberté tomberont comme une étincelle. Sachez que dans ces campagnes, il n'y a point de fonctionnaires, et qu'on y sait vénérer encore le culte du malheur. Toutes les bouches indignées rediront, là comme ici, l'histoire de la révolution Polonaise perdue et trahie par les juste-milieu de Varsovie. On entendra de nouveau ce mot de république, mot magique, qui, aujourd'hui, expression intime des besoins sociaux, remue à lui seul tant d'espérances. Cette première semence sur une terre vierge germera pour nous. D'où que vienne le cri, la France républicaine ne manquera jamais aux voix républicaines.

Et puis, M. Delamarre crie bien haut qu'il a mission de paix. — Qu'il n'en parle donc plus, de cette paix, lui qui veut violemment étouffer des sentimens si doux, si nobles, qu'il n'y a qu'un préfet qui ne puisse ni les comprendre, ni les sentir; lui qui ranime des querelles éteintes, qui ravive des haines à peine oubliées; lui qui ramasse, imprudent, des armes qu'il voulait, disait-il à son arrivée, faire tomber de la main des partis.

En résultat, dans le long entretien de la préfecture, toujours, de la part du préfet, des mots fades, des motifs ridicules, une politesse affectée qui ne cache que de la dureté, de tristes protestations d'amour pour la cause Polonaise au moment où sa conduite donnait un violent démenti à ses paroles. Mais pas un instant d'émotion vraie pour tant d'infortunes dont nous étalions à l'envi toutes les plaies devant ses yeux. Il y a des gens qui n'ont que de la glace dans le cœur. Et, en nous séparant, il nous remercia de notre visite, qui, disait-il, l'honorait beaucoup! Comme si nous étions venus pour le visiter, lui, préfet! On fut obligé de lui répondre que les républicains viendraient toujours à la préfecture, quand ils auraient à demander quelque chose qu'ils croiraient bien, et que ce ne serait pas pour eux.

Ainsi, peu à peu, ce parti se démasque tout entier. Il est si sûr de sa cause et de ses convictions, qu'on voit toujours prévaloir dans sa conduite l'horreur de toute discussion. On craint pour ces exilés pleins de patriotisme et de courage les effets que produirait leur communication avec des hommes libres, et qui se sont voués au culte de la liberté, comme lui, juste-milieu, au culte des places et de l'argent.

La commission, toutefois, crut devoir accomplir son mandat. Elle invita au banquet les officiers Polonais, ne leur laissant point ignorer les dispositions de l'autorité à leur égard. Du reste, les Polonais en étaient instruits : M. Delamarre n'avait eu garde d'oublier de leur faire des *menaces telles que, par un sentiment de pudeur pour lui, nous n'osons pas les rendre publiques.*

Les Polonais acceptèrent l'invitation de leurs frères d'Aurillac. Comme nous, ils ne virent dans cette réunion qu'un moyen de raffermir et resserrer le lien d'amitié et de fraternité qui, de tout temps, unit et doit unir les citoyens de Pologne et de France.

Leur réponse fut transmise aux souscripteurs du banquet, dans une nouvelle réunion; et tous, à l'unanimité, en admirant le dévouement de ces hommes héroïques, qui contrastait si bien avec l'ignoble conduite des hommes du pouvoir, furent d'avis de ne pas empirer la cruelle position des malheureux débris de Varsovie et Wilna.

On leur vota des remercîmens sincères; *et on exigea de la commission la publicité d'un compte-rendu.* Puis, fut soulevée la question de souscription. Beaucoup la virent avec peine; seule elle ne rendait pas toute leur pensée. Ils craignaient d'affliger leurs hôtes, qui ont le droit d'être fiers, car ils sont illustres. Le pouvoir et ses acolytes n'y avaient pas regardé de si près. De l'or! toute leur admiration, toute leur sympathie se traduit en or. C'est qu'ils en ont assez, eux : cette année, la France a sué pour eux un milliard !..... Et nous, nous pensions que ces bienfaits devaient être mystérieux. Il nous semblait que ces hommes si ulcérés, si meurtris, avaient, avant tout, besoin d'un serrement de main, d'un mot de consolation et d'amitié. Nous voulions boire à la même coupe, rompre le même pain, redire avec eux, revive la Pologne! — Nous leur avons ouvert nos demeures, nous leur avons fait part, autant qu'il a été en nous, de notre vie de famille, nous leur avons tendu la main, nous; et vous ne leur tendez que la bourse.

Il fut décidé, toujours à l'unanimité, qu'une souscription serait ouverte. On en voit les motifs : ces hommes généreux ne pouvaient plus douter de notre vive sympathie; mais nous, craignant que l'administrateur qui s'est proclamé ici homme de paix, n'essayât de paralyser notre projet en jetant dans notre voie la meute qui suit sa trace, nous résolûmes de lui laisser prendre l'initiative. Car pour ce qui est bon, vrai et généreux, nous ne connaissons plus de parti.

Que les plus impartiaux jugent maintenant M. Delamarre, nous ne devons plus distinguer, désormais, l'homme privé de l'agent du gouvernement. Il est des situations dans lesquelles un homme de cœur ne peut sans honte cumuler ces deux qualités. Honneur ou argent, qu'il choisisse; on ne peut servir à la fois deux maîtres si exigeans. Parfois, nous voyons quelques caractères indépendans rejeter à la face des chefs croix et traitemens, jaloux qu'ils sont de pouvoir mourir sans souillure. Aurillac en connaît qui n'agiront pas ainsi, familiarisés qu'ils sont avec le mensonge et la duplicité, comme d'autres sont déterminés à résister au pouvoir ou à s'en séparer. Mais le peuple qui veille, tient en sa mémoire compte de tant de méfaits; et en attendant, il meurtrit des coups de son indignation ces êtres déchus; il les marque au front d'un fer chaud ; car il ne connaît pas de juste-milieu, lui, entre le courage et la lâcheté, entre l'honneur et l'infamie.

Polonais, écoutez des voix amies : restez toujours étrangers à nos dissensions, mais ne comptez que sur le peuple; c'est le seul qui ne vous manquera pas. Dites où sont les riches et les puissans qui ont souci aujourd'hui de vos malheurs et de votre gloire!....

CAILUS, *avoué;* H. DURIF, *avocat;* FONTANE, *négociant;* LAPEYRE, *pharmacien, membre du conseil municipal;* GAZARD, *avocat et juge suppléant;* GREIL, *horloger;* R. MARMONTEL, *avocat;* L. RENGADE, *clerc de notaire;* USSE, *ancien officier d'artillerie, membre du conseil municipal.*

CEJOURD'HUI cinq juillet mil huit cent trente-trois, à deux heures après-midi, en la ville d'Aurillac, les citoyens qui ont souscrit en faveur de MM. les officiers Polonais qui forment le dépôt de cette ville, ayant été convoqués par M. Grognier, avoué, adjoint du maire, et réunis dans la grande salle de l'Hôtel-de-ville, au nombre d'environ quatre-vingts;

M. Grognier, s'armant d'une sonnette, a annoncé à l'assemblée que la séance était ouverte, et qu'on allait procéder, par scrutin secret, à la nomination de six commissaires qui s'adjoindraient à lui pour continuer la souscription déjà commencée.

Un membre de la réunion a demandé que le doyen d'âge occupât le fauteuil du président, afin que l'assemblée pût déterminer elle-même le nombre de commissaires qu'il convenait de nommer, et leurs attributions; il a en même temps témoigné son étonnement de ce que M. Grognier avait la prétention de s'installer, de son chef, président de l'assemblée, et président de la commission qui allait être nommée.

M. Grognier a répondu qu'ayant pris l'initiative, et s'étant donné beaucoup de peine pour faire réussir la souscription, il avait le droit de se *poser* président, tant de la réunion des souscripteurs, que de la commission qui serait nommée ; et qu'en conséquence il allait continuer l'opération.

Plusieurs membres de la réunion ont appuyé la prétention de M. Grognier, soutenant que s'y opposer, ce serait donner à la souscription une couleur politique.

Un autre membre a répondu que nous n'étions pas dans une réunion de saint-simoniens, pour qu'un citoyen quelconque pût se *poser* président ; que c'était précisément pour que la souscription n'eût aucune couleur politique, qu'une partie de l'assemblée s'opposait fortement à ce qu'un fonctionnaire public fût président de droit ; enfin, que M. Grognier, s'étant donné beaucoup de peine dans toute cette affaire, il était très-probable qu'il serait nommé membre de la commission, à une grande majorité ; mais qu'il devait nécessairement subir la chance du scrutin.

M. Grognier et les membres qui avaient déjà appuyé ses prétentions, ont de nouveau insisté, et demandé qu'on commençât de suite le scrutin. Plusieurs ont ajouté que ceux qui n'étaient pas contens n'avaient qu'à se retirer ; que, du reste, ils n'avaient souscrit que pour des sommes modiques, etc., etc.

Un souscripteur a répondu qu'il était fâcheux que M. Grognier n'eût pas confiance dans le résultat du scrutin ; mais qu'il n'appartenait à personne de faire des catégories ; que c'était une question de majorité, et que tous les souscripteurs ayant reçu des billets de convocation, avaient évidemment les mêmes droits, quel que fût le montant de leur souscription, parce que chacun avait souscrit suivant sa fortune ; que les prétentions de M. Grognier étaient d'autant plus mal fondées, que toutes les listes de souscription déposées par lui dans les lieux publics, revêtues de sa signature, portaient en tête :

« *Liste des souscripteurs en faveur des officiers Polonais rési-*
« *dant à Aurillac.*

« Quand les souscripteurs seront en nombre suffisant,
» ils seront convoqués pour nommer une commission
» chargée de prélever les fonds et de les distribuer ; »

Que si les prétentions inqualifiables de M. Grognier avaient été connues, beaucoup d'honorables citoyens auraient peut-être refusé d'inscrire leurs noms sur ces listes ; qu'un assez grand nombre de patriotes s'étaient même abstenus de se rendre à la réunion actuelle, parce qu'elles étaient indiquées dans les billets de convocation.

M. Grognier a déclaré alors que, puisqu'on ne voulait pas lui reconnaître un droit qui lui paraissait incontestable, la séance était levée. Il s'est ensuite retiré en engageant ses adhérens à l'imiter.

Du moment où ces Messieurs ont eu quitté la salle, le plus grand calme a régné dans l'assemblée.

M. Laparra, capitaine retraité, doyen d'âge, a été appelé à occuper le fauteuil de la présidence.

M. Auguste Raulhac, architecte, a été appelé à remplir les fonctions de secrétaire, comme étant le plus jeune.

Il a été d'abord décidé, sans opposition, qu'il serait nommé une commission de six membres, et que cette commission nommerait, dans son sein, un président, un trésorier et un secrétaire.

Un scrutin secret pour la nomination des commissaires a été ouvert aussitôt après.

Pendant cette opération, M. Grognier est rentré, et a ordonné à l'assemblée de se dissoudre.

On lui a objecté qu'on ne lui reconnaissait aucune autorité; qu'il était, à la vérité, second adjoint du maire, mais que ses fonctions ne commençaient qu'en cas d'absence du maire et du premier adjoint. — M. Grognier s'est retiré.

Peu d'instans après, M. Charmes, premier adjoint du maire, est entré dans la salle, et a prié, avec beaucoup de politesse, les citoyens qui s'y trouvaient réunis de vouloir bien en sortir.

On lui a répondu, que la réunion n'avait rien de politique ni même de tumultueux; que plusieurs conseillers municipaux en faisaient partie, et qu'on ne pensait pas qu'il pût sérieusement avoir l'intention de faire évacuer la salle; que, du reste, s'il persistait, on le priait de vouloir bien donner à l'assemblée un ordre par écrit et motivé. — M. Charmes s'est également retiré, et on a continué le le scrutin.

Tous les citoyens présens, et personne ne se présentant plus, M. le président a déclaré le scrutin fermé. Il a ensuite déclaré qu'il résultait des notes tenues par le secrétaire que *cinquante* citoyens y avait pris part. L'urne ayant été ouverte, les bulletins ont été comptés, et il s'en est trouvé *cinquante*, nombre égal à celui des votans.

Le dépouillement étant terminé, M. le président en a proclamé le résultat en ces termes:

MM. *Usse* et *Salarnier*, chacun 45 voix; *Durif* (Henri), 43; *Gazard,* 41; *Marmontel* (Rémy), 29; *Lapeyre*, pharmacien, 21; *Faulat*, 14; *Rengade*, 12; *Raulhac*, 8; *Rampon*, avocat, 5; *Grognier*, second adjoint, 4; *Marmontel* (Henri), 4; les autres souffrages se sont divisés sur vingt-deux citoyens qui ont obtenu chacun 3, 2 ou une voix.

MM. *Usse*, *Salarnier*, *Durif* (Henri), *Gazard Marmontel* (Remy), et *Lapeyre*, pharmacien, ayant obtenu le plus grand nombre de suffrages, formeront en conséquence la commission. MM. *Faulat, Rengade* et *Raulhac* ayant obtenu le plus de suffrages, après les membres de la commission, suppléeront ceux qui pourraient s'absenter.

Le présent procès verbal a été fait et clos, séance tenante, les jour, mois et an que dessus, à quatre heures après midi.

Capitaine LAPARRA, *président*.
RAULHAC, architecte.

CITOYENS,

Vous venez de lire l'exposé des faits qui se sont passés dans la salle de la mairie. Comme ils sont la suite immédiate, et pour ainsi dire inévitable, de ceux qui eurent lieu lorsqu'il fut question du banquet, nous avons cru devoir vous rendre compte du tout en même temps. Nous ne nous permettrons d'y joindre aucune réflexion, persuadés qu'elles ne pourraient rien ajouter aux sentimens qu'ils vous ont inspirés; mais nous jugeons convenable de vous rendre compte d'un fait qui n'est peut-être pas venu à votre connaissance, et que nous croyons assez important pour mériter la publicité.

MM. les adjoints voyant que, malgré leur départ et leur invitation, les souscripteurs continuaient l'opération pour laquelle ils s'étaient réunis, crurent de leur devoir d'aller demander assistance à M. le préfet, pour faire respecter une autorité à laquelle personne n'avait pu manquer, puisque les écharpes n'avaient pas vu le jour; et, sur la plainte des autorités municipales, l'autorité administrative requit de l'autorité militaire un détachement de cent hommes, pour mettre à la raison, avec du plomb et des baïonnettes, une cinquantaine d'individus s'occupant séditieusement à désigner six de leurs concitoyens pour prélever les fonds de la souscription. Heureusement les délais que nécessitaient les préparatifs de cette attaque nous donnèrent le temps de terminer notre opération, et d'évacuer la salle avant d'avoir connaissance du danger que nous avions couru.

Mais maintenant que nous le connaissons, Messieurs les adjoints, à vous, et à vous seuls nous ferons des reproches; car, avant d'être fonctionnaires, vous étiez nos frères, nos amis, nos concitoyens; avant d'être fonctionnaires, vous aviez été choisis par nous pour veiller à la défense de nos intérêts, de ces intérêts que vous subordonnez aujourd'hui aux insolens caprices des absurdes agens du pouvoir, et le souvenir de ce que vous avez été, agit sur nous assez puissamment pour nous persuader, lorsque vous l'aurez publiquement démenti, que ces ordres sanguinaires, ces mesures odieuses, vous ne les avez point sollicités.

Dites-nous, et nous vous croirons, que vous n'avez pas

voulu, dans la ville où vous naquîtes, où vous fûtes toute votre vie entourés d'estime et de considération, allumer une collision d'autant plus terrible, qu'ayant lieu sans provocation, de la part des citoyens, leur indignation pouvait les porter à des excès dont vous eussiez gémi les premiers.

Pour vous, Monsieur le préfet, vous n'êtes ni notre frère, ni notre ami, ni notre concitoyen ; aussi ne vous ferons-nous point de reproches. Lorsque vous avez paru dans cette ville, où personne ne vous connaissait, où votre nom n'avait jamais été prononcé, on ne vous a reçu ni comme ami, ni comme ennemi ; on voulait, avant de vous juger, savoir ce que vous étiez. Eh bien ! nous le savons maintenant ; nous vous connaissons.

Complotez, espionnez, imposez à vos subordonnés vos brutales exigences, enivrez-vous de mesquines vengeances ; allumez la guerre civile dans un pays où vous êtes chargé de maintenir la paix ; de vous rien ne nous étonnera ; car nous vous connaissons. Vous voulez la guerre ! Nous y sommes résignés ; peut-être un jour pourrez-vous dire, vous aussi : *L'ordre règne dans Aurillac*, comme il régnait naguère à Grenoble ou à Lyon ;

Et vous aurez de l'avancement.

  Durif (Henri), *avocat*; Gazard, *avocat*; Marmontel (Rémy) *avocat*; L. Rengade, *clerc de notaire*; Salarnier, *expert, membre du conseil municipal*; Usse, *ancien officier d'artillerie, membre du conseil municipal*.

Clermont, Imprimerie de Thibaud-Landriot.

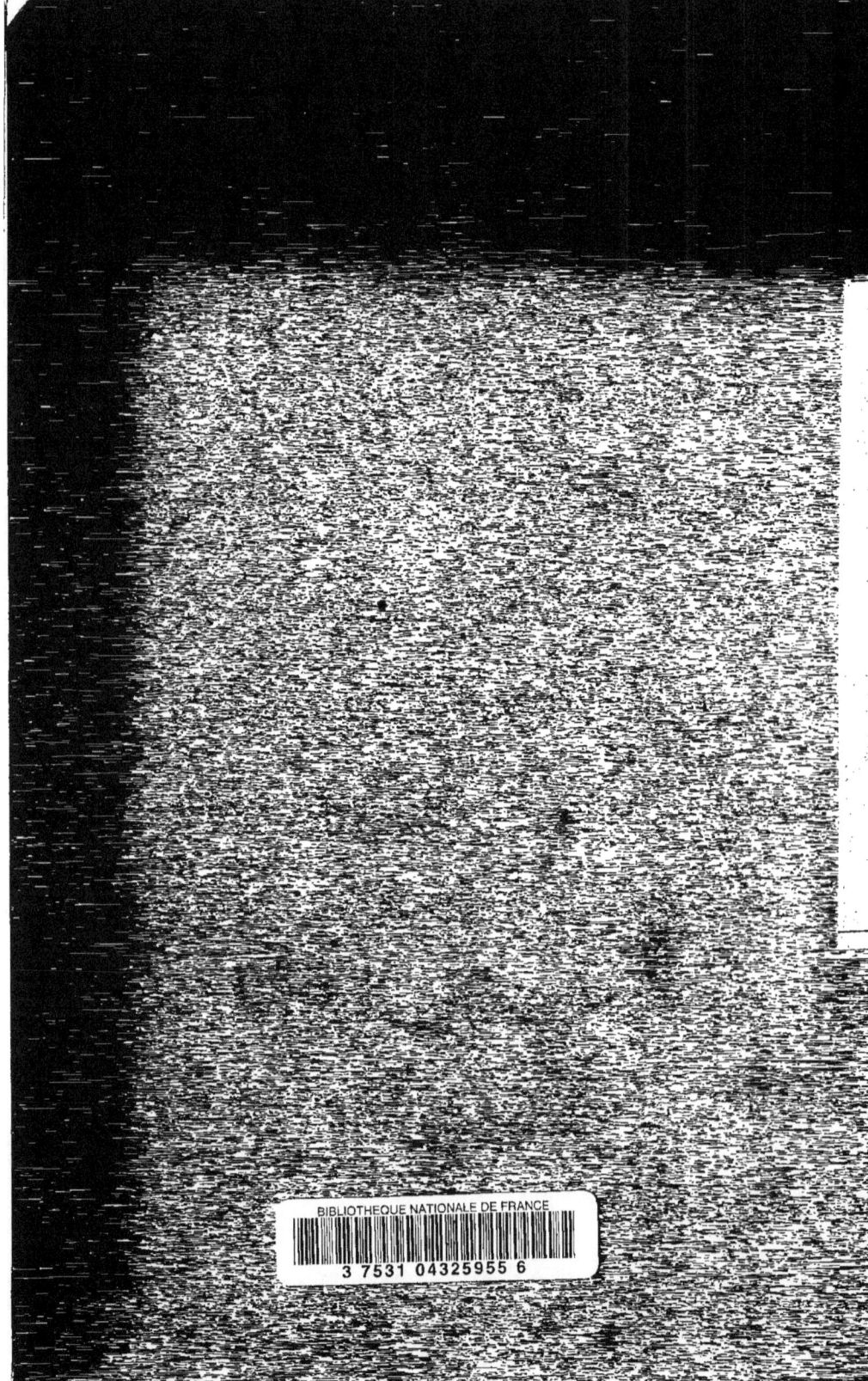

www.ingramcontent.com/pod-product-compliance
Lightning Source LLC
Chambersburg PA
CBHW071422060426
42450CB00009BA/1966